ELOGE

D E

M. DE MARIVAUX,

A

ELOGE

DE

M. DE MARIVAUX,

de l'Académie Française.

PIERRE CARLET DE CHAMBLAIN DE MARIVAUX naquit à Paris, en 1688, d'un père qui avait été directeur de la monnaye à Riom, en Auvergne, & qui était d'une famille ancienne dans le Parlement de Normandie. Ses ouvrages le firent connaître de bonne heure. Ils respirent presque tous l'enjouement & la finesse & supposent assez généralement une imagination vive & un caractère d'esprit fingulier. Parmi les romans de fa compofition, la *Vie de Mariane* & *le Payfan Parvenu* occupent le premier rang : mais, par une inconftance qui lui était particulière, il quitta l'un pour commencer l'autre, & n'acheva aucun des deux. Nous avons de lui fept volumes de pièces de théâtre, qui ne font pas toutes du même mérite. les dont la lecture paraît le plus juftifier le fuccès, font *la Surprife de l'Amour*, *le Legs*, & *le Préjugé vaincu*, au théâtre Français ; ainfi qu'au théâtre Italien, l'autre *Surprife de l'Amour*, *la double inconftance*, & *l'Epreuve*.

C'eft peut-être ici le lieu d'examiner pourquoi un auteur fi ingénieux a fouvent péché contre le goût & quelquefois même contre la langue. J'en trouve plufieurs caufes qu'il eft à propos de faire obferver au lecteur.

M. de Marivaux, à ce qu'on peut juger, n'avait point fait de bonnes études ; on pourrait même foupçon-

ner qu'il n'en avait fait aucunes. On
ne peut nier d'ailleurs qu'il ne fût né
avec beaucoup d'efprit; ce qui, à la
vérité, ne fuppofe pas toujours un
goût infaillible. L'ignorance où il
était des bonnes fources, & le malheur qu'il eut de fréquenter très-jeune
les partifans d'une opinion très-oppo-
fée à la faine littérature, lui firent nécef-
fairement commettre beaucoup de
fautes. Nous mettons au rang de fes
principales erreurs l'imprudence qu'il
eut de fe joindre au parti de M. de la
Mothe, dans la querelle des anciens &
des modernes. Son aveuglement pour
la nouvelle fecte l'entraîna même à
compofer un *Homere travefti:* ouvrage
repréhenfible à tous égards, & qui ne
paraît avoir échappé à la jufte cenfure
des gens de goût que par l'efpèce d'ou-
bli où il eft tombé dès fa naiffance. En
effet, je doute qu'on puiffe citer un
exemple d'une entreprife plus bizarre
que celle de travefir les œuvres
d'Homère, dans l'efpérance de les

faire tomber. Scaron du moins ne s'égaya fur Virgile que dans le feul but de s'amufer & de faire diverfion aux douleurs de la goutte. On doit même remarquer que ce poëte bur-lefque entendait parfaitement fon au-teur ; & il réfulte de la lecture de fa traduction bouffone qu'il connaiffait infiniment mieux les beautés de Vir-gile que la plupart de ceux qui l'ont traduit férieufement. Quelque mince que puiffe paraître ce mérite, il eft certain que, de ce côté-là, notre aca-démicien n'eut jamais rien de com-mun avec l'auteur enjoué du *Roman comique*. Les partifans de M. de Mari-vaux conviendront auffi qu'il ferait fort à defirer pour fa gloire qu'on ne l'eût jamais foupçonné d'une autre parodie également blâmable, intitu-lée, le *Télémaque travefti :* production honteufe, que tout le monde lui at-tribua, malgré les efforts qu'il fit dans la fuite pour la défavouer.

Le hafard préfide fouvent au choix

de nos premières connaissancè. Cette seconde éducation que nous recevons à l'entrée de notre carrière, dans les maisons où nous sommes admis, influe presque toujours sur notre façon de penser à venir. Un œil pénétrant appercevrait infailliblement, dans les écrits d'un auteur, l'esprit des sociétés par lesquelles il a débuté dans le monde: celle de M. de la Mothe était sans doute très-dangereuse pour M. de Marivaux. On y pensait communément que l'esprit suppléait à tout. C'est avec de l'esprit que M. de la Mothe avait cru pouvoir remplacer les graces de Quinault, la naïveté de la Fontaine & le sublime d'Homère. Ses partisans avaient introduit la coutume de jetter du ridicule sur l'érudition ; ce qui les consolait du malheur d'en manquer. L'illusion dans laquelle cette secte de beaux-esprits entraîna M. de Marivaux, paraîtra peut-être excusable, si l'on considère quelle était alors la réputation brillante de

A iv

M. de la Mothe, apprécié aujourd'hui
à fa jufte valeur, & féparé par une
barrière étcrnelle des écrivains de
génie.

De cet abus d'efprit, dénué des
lumières du goût, naquirent chez M.
de Marivaux ces images incohérentes, cetamour des pointes, ces graces
minaudières, ce ftyle alembiqué
qu'on a caractérifés dans ces deux
vers :

> Une Méthaphyfique où le jargon domine,
> Souvent imperceptible, à force d'être fine.

Auffi la plupart des pièces de cet
auteur ne réuffirent d'abord que difficilement. Le gros du public n'entendait point un langage qui venait de
fe reproduire dans quelques fociétés,
& qui eût exigé, pour ainfi dire, un
nouveau dictionnaire. Les connaiffeurs délicats fçavaient à la vérité que
ces façons de s'exprimer, qui fembliaient alors nouvelles, n'étaient
qu'un refte du jargon profcrit dans

les *Précieuses* de Molière. En effet, les deux filles de *Gorgibus* n'auraieut peut-être pas défini le fentiment d'une manière plus étrange que M. de Marivaux ne l'a fait dans ce paſſage tiré de Mariane : *Qu'eſt-ce que le ſentiment ? c'eſt l'utile enjolivé dc l'honnête ; malheureuſement, dans ce ſiécle, on n'enjolive plus.*

On ne ſe permettrait pas de citer une phraſe ſi ridicule, ſi elle ſe trouvait iſolée dans les œuvres de M. de Marivaux : mais tous ceux à qui ſes écrits ſont familiers, ſçavent bien que c'était-là ſa manière d'écrire, & même de s'énoncer. C'eſt à cettte affectation de ſtyle qu'il faut attribuer le jugement qu'en a porté M. de Voltaire, lorſqu'il fait annoncer, par une même trompette,

Vers de Danchet, Proſe de Marivaux.

C'eſt ce jargon biſarre que M. de Crébillon fils avait ſi ingénieuſement parodié, en faifant parler la Taupe de

A v

Tanſaï, On prétend que M. de Marivaux. lui-même en fut la duppe, &
qu'il applaudit de très-boone foi au
verbiage de la Taupe, dont M. de
Crébillon lui avait déguiſé l'ironie.

Quoi qu'il en ſoit, le goût pour
l'affeċtation ſubſiſta toujours dans
M. de Marivaux. Il avait un faible
pour les précieuſes : il pardonnait
difficilement à Molière de les avoir
ridiculiſées. C'eſt du moins ce que
l'on peut conclure de ſon antipathie
pour les ouvrages de ce grand homme; antipathie qu'il avouait avec une
ſorte d'ingénuité.

Avec cette façon de penſer, il
eut été difficile à l'auteur le plus ſpi-
rituel de percer la foule même des
écrivains médiocres. Heureuſement
pour M. de Marivaux, il rencontra
les talens les plus propres à faire réuſ-
ſir le genre qu'il avait intérêt d'éta-
blir. La célèbre Mademoiſelle Sylvia
le déroba à la ſcène Françaiſe, & l'at-
tacha, pendant pluſieurs années, au

théâtre Italien. Perfonne n'entendait mieux que cette actrice l'art des graces bourgeoifes, & ne rendait mieux qu'elle le *tatillonnage*, les *mièvreries*, le *Marivaudage* ; tous mots qui ne fignifiaient rien avant M. de Marivaux, & auxquels fon ftyle feul a donné naiffance.

Une obfervation, qui n'échappera pas aux gens de goût, & qui confirme l'idée qu'on vient de donner de cet auteur, c'eft qu'il chercha, en quelque forte toute fa vie, le genre auquel il devait s'appliquer : preuve fenfible qu'il n'avait point reçu de la nature cette impulfion vive qui fixe l'homme de génie à un genre déterminé. Aprèr s'être effayé dans plufieurs romans, fans les finir, il entreprit un ouvrage philofophique, fous le titre de *Spectateur :* ouvrage très-inférieur au *Spectateur Anglais*, dont il avait cru fe rendre l'émule. Il voulut courir de même la carrière tragique. On a de lui la *Mort d'Annibal*

pièce faible, mais à laquelle du moins
on ne peut reprocher un fuccès dif-
proportionné à fon mérite, Enfin, il
fe dévoua plus conftamment à la
fcène comique, dont il ofa parcourir
tous les genres, caractères, intrigues,
romans, fujets allégoriques, &c. Il
tenta même le genre, alors nouveau,
de M. de Saint-Foix : mais la Mufe
de ce dernier auteur était une Grace,
& celle de fon copifte une Précieufe.

On remarque d'ailleurs, dans les
pièces de M. de Marivaux, une mono-
tonie qui fuffirait feule pour juftifier
ce que nous avons dit ailleurs du cer-
cle étroit de fes idées. Prefque toutes
fes pièces font des furprifes de l'a-
mour. Il femble avoir épuifé cette
fituation favorite à laquelle il revient
fans ceffe, & qui eft l'ame de la plupart des comédies qu'il a données aux
deux théâtres.

Les comédiens Français ont de lui
une piéce manuferite, fous le titre de
l'Amante frivole, que leur confidéra-

tion pour l'auteur ne leur a pas permis de jouer. On ne peut cependant refuser à cet écrivain fécond une place distinguée dans un siècle appauvri (*). Le 14 février 1743, il fut élu, d'une voix unanime, par l'académie Française, longtemps avant l'auteur de la Henriade. Il est mort à Paris dans la soixante-quinzième année de son âge.

(*) Il se piquait, comme on l'a remarqué, d'avoir introduit une nouvelle route. Un homme de goût s'élève ainsi contre cette innovation, dans un discours sur la Comédie. » Un jargon, j'ose le dire, « puérile, ne supposant ni étude, ni connaissance » du monde ; une froide métaphysique, entée sur » des événemens sans vraisemblance ; une morale » vuide d'action, avaient pris la place de ce genre » que Molière porta parmi nous à un si haut dé- » gré..... La joie de la nature fut remplacée » par je ne sçais quel sourire de l'esprit, nécessai- » rement froid & sérieux, parce qu'il est forcé ; » & que tout ce qui n'est que fin touche de près à » l'affectation.... L'immortel Molière, ce pein- » tre sublime, parce qu'il est toujours vrai, fut » accusé de manquer de délicatesse. Des yeux ac- » coutumés aux nuances faibles d'une métaphysique » qui subdivise des idées à l'infini, ne purent sou- » tenir les couleurs plus fortes de la nature : & le » génie fut jugé par le bel-esprit «.

CATALOGUE
DES OUVRAGES
DE M. DE MARIVAUX.

L'Homère Travesti, ou l'*Iliade* en vers burlesques, 2 vol. in-12, 1716.

Les Effets de la Sympathie, 2 vol. in-12, 1713.

Le Spectateur Français, 2 vol. in-12, 1722.

Le Philosophe indigent, ouvrage périodique, 2 vol. in-12, 1727.

La Vie de Mariane, 4 vol. in-12, 1734. Le quatrième volume n'est pas de lui.

Le Paysan Parvenu, 3 petit vol. in-12, 1735.

Pharsamon, ou *les Nouvelles Folies Romanesques*, 2 vol. in-12, 1737. C'est le même qui a reparu sous le titre du *Nouveau Don-Quichotte.*

AU THEATRE FRANÇAIS.

Annibal, tragédie, 1720. Elle a été reprise une fois.

Le Dénouement imprévu, comédie en un acte, en profe, 1724.

L'Iſle de la Raiſon, comédie en trois actes, en profe, 1727.

La Surprise dc l'Amour, comédie en trois actes, en profe. Elle eut quatorze repréſentations.

La Réunion des Amours, comédie en un acte, en profe, 1731.

Les Sermens indiſcrets. comédie en cinq actes, en profe, 1732. Elle eut neuf repréſentations.

Le Petit-Maître Corrigé, comédie en trois actes, en profe, 1736.

Le Legs, comédie en trois actes, en profe, 1736. Elle eut ſept repréſentations.

Le Préjugé Vaincu, comédie en un acte, en profe le 6 août 1746. Sept repréſentations.

a Diſpute, comédie en un acte

en profe, le 19 octobre 1744.

THEATRE ITALIEN.

L'Amour & la Vérité, comédie en profe, 1720.

Arlequin poli par l'Amour, 1720.

La Surprife de l'Amour, comédie en trois actes, en profe, 1722.

La Double Inconftance, comédie en trois actes, en profe, 1723.

La Fauffe Suivante, comédie en trois actes, en profe, 1724.

L'Ifle des Efclaves, comédie en un acte, en profe, 1725.

Le Triomphe de Plutus, comédie en un acte, en profe, le 22 avril 1728.

La Nouvelle Colonie, 1729.

Les Jeux de l'Amour & du Hazard, comédie en profe & en trois actes, 1703.

Le Triomphe de l'Amour, comédie en profe & en trois actes, 1732.

L'Ecole des Mères, comédie en un acte, en profe, juillet 1752.

L'Heureux Stratagème , comédie en trois actes, en profe, le 6 juin 1733.

La Méprife , comédie en un acte, en profe, le 16 août 1734.

La Mère Confidente , comédie en trois actes, en profe, 1735.

Les Fauffes Confidences , comédie en trois actes, en profe, 1737.

La Joie imprévue , comédie en un acte, en profe, 1738.

Les Sincères , 1739.

L'Epreuve , comédie en un acte, en profe, 1740.

Nous ne ferons point, à M. de Marivaux, le tort que lui ont fait les Libraires, en mettant au nombre de fes pièces de théâtre le père Prudent, *en cinq actes, comédie de fa première jeuneffe, qui n'annonçait aucun de fes talens, & la feule qu'il ait écrite en vers.*